Made in the USA
Middletown, DE
21 November 2021

53096316R00062